Mehr über unsere Bücher, Autor:innen und Illustrator:innen auf:
www.thienemann.de

Oberthür, Rainer/Seelig, Renate:
Die Ostererzählung
ISBN 978 3 522 30678 2

Text: Rainer Oberthür
Illustrationen: Renate Seelig
Einbandtypografie: Doris Grüniger, Buch und Grafik, Zürich
Reproduktion: Schwabenrepro, Fellbach
Druck und Bindung: Livonia Print, Riga

© 2025 Gabriel in der Thienemann-Esslinger Verlag GmbH,
Blumenstraße 36, 70182 Stuttgart
Bei Fragen zum Produkt: service@thienemann.de
1. Auflage 2025
Printed in Latvia. Alle Rechte vorbehalten.
© der Originalausgabe 2007

DIE OSTER-ERZÄHLUNG

Rainer Oberthür
Renate Seelig

Gabriel

»Erzähl mir eine Geschichte von Jesus, Mama!«
»Was möchtest du hören? Vielleicht die Geschichte vom Anfang,
wie Jesus geboren wurde, ganz arm in einer Krippe?«
»Nein, die kenne ich schon von Weihnachten.«
»Oder wie Jesus Freunde gefunden hat, die mit ihm gingen?«
»Davon hast du mir schon erzählt und es war,
als ob ich dabei gewesen wäre.«

»Vielleicht eine von den Geschichten, die Jesus selbst erzählt hat?«
»Etwa die vom Vater, zu dem der Sohn immer zurückkommen kann,
auch wenn er alles falsch gemacht hat? Die kenne ich von Papa.
Nein, Mama, erzähl nicht vom Anfang und nicht davon, wie es weiterging.
Ich möchte etwas wissen vom Ende, wie Jesus gestorben ist.«

»Das ist schwer zu erzählen und noch schwerer zu verstehen.
Ich will es versuchen. Markus hat in seinem Evangelium nicht nur vom Leben
Jesu erzählt, sondern auch von seinem Tod und seiner Auferstehung.
Von sieben Tagen in Jerusalem hat er erzählt, von einer heiligen Woche.
Die Geschichte ist lange traurig, doch sie hat ein gutes Ende.
Sie beginnt mit Freunden, die nichts verstehen, und einem Blinden,
der wieder sehen kann.

Jesus war mit seinen zwölf Jüngern auf dem Weg nach Jerusalem.
Die Leute staunten über Jesus. Die Jünger aber hatten Angst,
denn Jesus hatte ihnen erklärt, was mit ihm passieren würde:
»Ich werde den Menschen ausgeliefert. Sie werden mich auslachen
und anspucken, verletzen und töten. Wenn ich tot bin, werde ich
nach drei Tagen auferstehen.«
Doch die Jünger verstanden nicht, wovon er redete.
Sie waren wie blind, obwohl ihre Augen sehen konnten.

Auf ihrem Weg trafen sie den Bettler Bartimäus.
Er war blind und hockte unten auf der Erde.
Als er Jesus hörte, fing er an zu schreien: »Jesus, erbarme dich meiner,
hilf mir!« Viele schimpften: »Sei still!«
Bartimäus aber schrie noch lauter: »Jesus, hab Mitleid mit mir!«
Da blieb Jesus stehen und sagte: »Ruft ihn her!« Nun riefen die Leute:
»Nur Mut, steh auf, er ruft dich!« Da warf der Blinde den Mantel ab,
sprang auf und lief zu Jesus. Der fragte ihn: »Was willst du? Was soll ich
dir tun?« Der Blinde antwortete: »Mein Lehrer, ich möchte wieder sehen.
Zum Himmel aufschauen möchte ich.«
Jesus sagte: »Dein Glaube hat dich gerettet. Geh deinen Weg!«
Sofort konnte der Blinde sehen und folgte Jesus auf seinem Weg.

Sie waren schon nah bei Jerusalem, beim Dorf Betanien am Ölberg.
Da schickte Jesus zwei Jünger voraus: Sie holten einen jungen Esel.
Die Jünger legten ihre Kleider auf den Esel. Jesus setzte sich darauf.
Viele breiteten Kleider vor Jesus auf dem Weg aus, streuten Zweige, jubelten
und sangen: »Hosanna, hilf uns! Du bist gesegnet, im Namen Gottes kommst
du. Durch dich kommt eine neue Zeit mit Gott. Hosanna, wir sind froh!«
Jesus ging zum Tempel und schaute sich alles genau an.
Abends kehrte er mit den Jüngern zurück nach Betanien,
das heißt: Haus der Armen.
Nicht wie ein mächtiger Kriegsherr hoch auf einem Pferd kam Jesus.
Auf einem kleinen Esel kam er, unauffällig und leise.
Davon hatte der Prophet Sacharja schon vor langer Zeit erzählt.
So zog Jesus am ersten Tag in Jerusalem ein.
Das feiern wir bis heute jedes Jahr am Palmsonntag.

Am Tag darauf kamen sie zum zweiten Mal nach Jerusalem.
Jesus ging in den Tempel und vertrieb die Käufer und Verkäufer.
Die Tische der Geldwechsler und Taubenhändler kippte er um.
Er sprach: »Gottes Haus soll ein Haus des Gebetes für alle sein.
Ihr habt daraus eine Räuberhöhle gemacht.«
Die Hohenpriester führten im Tempel die Aufsicht. Mit einigen
Schriftgelehrten, die die Heiligen Schriften erklärten, hörten sie Jesu Worte.
Sie überlegten, wie sie ihn aus dem Weg räumen könnten.
Sie hatten Angst vor Jesus, denn so viele waren begeistert von ihm.

Am dritten Tag redete Jesus lange mit den Schriftgelehrten.
Oft war er anderer Meinung als sie und sagte das deutlich.
Einer hörte Jesus gut zu und merkte, wie klug er antwortete.
Darum fragte er Jesus: »Welches Gebot ist das wichtigste?«
Jesus antwortete: »Das wichtigste Gebot ist: Höre, unser Gott
ist der einzige Gott. Darum liebe deinen Gott mit ganzem Herzen
und mit all deinen Gedanken!
Das zweite Gebot ist: Liebe deinen Nächsten wie dich selbst!
Kein Gebot ist wichtiger als diese beiden.«
Da sagte der Schriftgelehrte: »Meister, gut hast du geredet!«
Jesus sprach: »Du bist dem Reich Gottes sehr nah.«

Am vierten Tag war Jesus im Haus eines Kranken in Betanien.
Da kam eine Frau mit einem Gefäß voll mit kostbarem Öl zum Salben.
Das duftende Öl goss sie Jesus über den Kopf, bis zum letzten Tropfen.
So wurden früher die Könige des Volkes Israel gesalbt und dadurch geehrt.
Damit zeigte die Frau: Jesus ist der neue und ganz andere König.
Einige waren empört und schimpften: »Wozu diese Verschwendung?
Man hätte das Öl verkaufen und das Geld den Armen geben können.«
Jesus aber sagte: »Hört auf, lasst sie in Ruhe, sie hat Gutes getan.
Den Armen könnt ihr immer helfen. Ich aber werde nicht immer bei euch sein.
Sie hat getan, was sie konnte. Überall, wo man von mir erzählt, wird man sich
daran erinnern, was sie getan hat. Sie hat mich gesalbt vor meinem Tod.«
Gesalbt wurden damals nämlich nicht nur Könige, sondern auch die Toten.
So wurde Jesus zum »Christus«, das heißt übersetzt: der Gesalbte.

Judas aber, einer der zwölf Jünger, ging fort zu den Hohenpriestern.
Er wollte Jesus verraten, damit sie ihn gefangen nehmen konnten.
Als sie das hörten, freuten sie sich und versprachen ihm dafür Geld.

Der fünfte Tag in Jerusalem begann: der Tag des Passahfestes.
An diesem Tag erinnern sich die Juden daran, dass der Pharao sie
in Ägypten gefangen hielt. Und sie feiern, dass Gott sie befreit hat.
Wie damals wird das Passahmahl vorbereitet und abends gegessen.
Jesus kam mit seinen zwölf Jüngern nach Jerusalem. Sie saßen am Tisch
und aßen gemeinsam. Jesus sagte: »Einer von euch wird mich verraten.«
Da wurden sie traurig und fragten: »Bin ich es etwa?«

Dann nahm Jesus das Brot, lobte Gott, brach das Brot, reichte es den Jüngern und sagte: »Das bin ich selbst. Ich bin das Brot, das Leben schenkt. Denkt immer an mich, wenn ihr gemeinsam dieses Brot esst.« Dann nahm er den Kelch mit dem Wein, dankte Gott, reichte ihn den Jüngern und alle tranken daraus. Und Jesus sagte: »Das bin ich selbst. Ich werde sterben, damit die Menschen leben.«
An dieses letzte Abendmahl erinnern wir uns bis heute am Gründonnerstag.

Nach dem Mahl zogen Jesus und die Jünger hinaus zum Ölberg.
Unterwegs sagte Jesus: »Ihr alle werdet mich verlassen.«
Petrus rief: »Niemals, nicht einmal, wenn ich dafür sterben muss.«
Jesus sagte: »Noch bevor in dieser Nacht der Hahn zweimal kräht,
wirst du dreimal lügen und sagen, dass du mich nicht kennst.«
Sie kamen zum Garten Getsemani. Jesus sagte: »Bleibt hier,
ich möchte beten!« Petrus, Jakobus und Johannes nahm er mit.
Da bekam Jesus große Angst vor dem Sterben und sagte:
»Meine Seele ist todtraurig. Wartet hier und bleibt wach.«
Er ging etwas weiter, warf sich auf die Erde und betete zu Gott:
»Mein Vater, dir ist alles möglich. Lass mich nicht sterben.
Doch nicht, was ich will, soll geschehen, sondern was du willst.«
Jesus ging zurück und sah, dass die drei Jünger schliefen.
Enttäuscht sagte er: »Konntet ihr nicht eine Stunde wach bleiben?«
Er ging ein zweites und ein drittes Mal zum Beten.
Und jedes Mal, wenn er zurückkam, waren sie eingeschlafen.
Da sagte Jesus: »Nun ist es genug. Steht auf, wir wollen gehen.
Mein Verräter ist da. Jetzt werde ich gefangen genommen.«

Da kam Judas mit bewaffneten Männern. Er ging zu Jesus und küsste ihn.
Das war das Zeichen des Verrats. Die Männer nahmen Jesus gefangen.
Er sagte: »Wie zu einem Räuber kommt ihr mit Schwertern und Knüppeln.
Jeden Tag war ich bei euch im Tempel, da habt ihr mich nicht verhaftet.«
Und die Jünger flohen aus Angst. Sie ließen Jesus im Stich.
Jesus wurde von den Hohenpriestern ausgefragt, denn sie wollten ihn
den Römern ausliefern. Doch er schwieg. Da fragte der Hohepriester:
»Bist du der Christus, der Sohn Gottes?«
Jesus sagte: »Ich bin es. Bald werde ich wieder bei Gott sein.«
Da rief der Hohepriester: »Er verspottet den Namen Gottes.«
Und viele hielten ihn für schuldig.

Nur Petrus war in Jesu Nähe geblieben.

Da sagte eine Magd zu ihm: »Du warst doch auch bei Jesus.«

Petrus sagte: »Ich verstehe nicht, wovon du redest.«

Und noch ein zweites und ein drittes Mal log Petrus.

Er schimpfte: »Ich schwöre es, ich kenne diesen Menschen nicht.«

Da krähte der Hahn zum zweiten Mal.

Petrus dachte an Jesu Worte.

Dreimal hatte er gelogen.

Und Petrus begann zu weinen.

Früh am Morgen des sechsten Tages wurde Jesus zu Pilatus gebracht.
Pilatus war der grausame römische Herrscher in Jerusalem.
Er fragte Jesus: »Bist du der König der Juden?«
Jesus antwortete: »Du sagst es.« Mehr redete er nicht.
Pilatus hatte Angst vor der Unruhe im Volk. Er verurteilte Jesus zum Tode.
Er gab den Befehl, ihn zu quälen und ihn am Kreuz zu töten.
Die römischen Soldaten zogen Jesus die Kleider aus, hängten ihm
einen roten Mantel um und setzten eine Dornenkrone auf seinen Kopf.
Sie schlugen ihn, spuckten ihn an und verspotteten ihn.
Sie zogen ihm seine Kleider wieder an und führten ihn hinaus.
Sie zwangen einen Bauern vom Feld namens Simon das Kreuz zu tragen.
Sie brachten Jesus zu dem Berg Golgota, das heißt: Schädelberg.
Sie kreuzigten ihn um neun Uhr und verlosten die Kleider unter sich.

Um zwölf Uhr brach eine Finsternis über das ganze Land herein.
Drei Stunden lang war es dunkel. Um drei Uhr schrie Jesus laut:
»Eli, Eli – mein Gott, mein Gott, warum hast du mich verlassen?«
Einer von denen, die es hörten, spottete: »Er ruft den Propheten Elija.
Mal sehen, ob Elija kommt und ihn vom Kreuz abnimmt.«
Jesus aber schrie auf und starb. Da zerriss der Vorhang des Tempels von
oben bis unten in zwei Stücke. Der Weg zu Gott war jetzt offen für alle.
Ein Hauptmann, der nicht an Gott glaubte, sah, wie Jesus starb.
Er sagte: »Es ist wirklich wahr: Dieser Mensch war Gottes Sohn!«

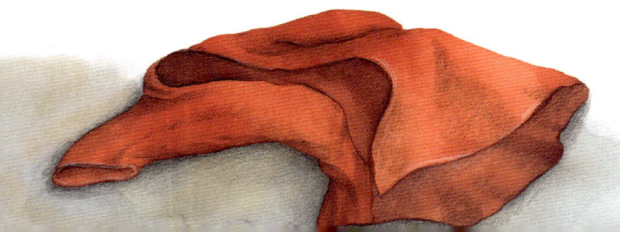

Auch einige Frauen schauten aufmerksam aus der Ferne zu.
Darunter waren Maria von Magdala, eine weitere Maria und Salome.
Sie waren Jesus schon lange nachgefolgt und hatten ihm gedient.
Sie und viele andere Frauen flohen nicht und blieben ihm treu.
Sie sahen und erkannten, wer Jesus in Wahrheit war.

Es war schon Abend. Der Freitag, unser heutiger Karfreitag, ging zu Ende.
Josef von Arimathäa wagte es, Pilatus um den toten Jesus zu bitten.
Er nahm Jesus vom Kreuz, wickelte ihn in ein Tuch und legte ihn in ein Grab,
das in einen Felsen gehauen war. Dann wälzte er einen schweren Stein vor
den Eingang des Grabes. Auch das beobachteten Maria von Magdala
und die andere Maria genau.
Am siebten Tag, am Sabbat, dem Ruhetag der Juden, geschah nichts.
Jesus lag im Grab. Seine Freunde waren wie gelähmt vor Trauer.

Der Sabbat war vorüber und der achte Tag, der Ostertag, begann.

Maria von Magdala, Maria und Salome kauften wertvolle Öle, um Jesus zu salben. Sehr früh am Sonntag kamen sie zum Grab. Soeben ging die Sonne auf.

Sie überlegten: »Wer wälzt uns den Stein am Eingang des Grabes weg?«

Dann sahen sie näher hin: Der große Stein war schon weggerollt.

Sie gingen in das Grab hinein und sahen rechts einen Jüngling sitzen.

Er war bekleidet mit einem leuchtend weißen Gewand wie aus Licht.

Da erschreckten sie sich sehr.

Doch der Jüngling sagte:

»Habt keine Angst! Ihr sucht Jesus von Nazaret, den Gekreuzigten.

Jesus ist auferweckt worden. Er ist nicht hier.

Seht, da ist die Stelle, wo er hingelegt wurde.

Macht euch sofort auf und sagt seinen Jüngern, besonders Petrus:

Er geht euch voraus auf dem Weg nach Galiläa.

Dort werdet ihr ihn sehen, wie er es euch gesagt hat.«

Eilig verließen die Frauen das Grab und rannten davon. Sie waren sprachlos und erzählten zuerst niemandem, was sie gesehen und gehört hatten.

So, das war sie: die Geschichte von Jesu Tod und Auferstehung.«

»Wie, jetzt ist schon Schluss? Kam Jesus nicht auf die Erde zurück?«

»Markus schreibt davon nichts. Erst später wird erzählt, dass Jesus seinen
Freunden erschienen ist. Jesus hat nicht weitergelebt wie vor seinem Tod.

Aber den Jüngern wird klar: Jesus ist auferstanden und
lebt für immer bei Gott. Diese schöne Erfahrung machte ihnen Mut.

Nun verstanden und glaubten sie: Es geht weiter mit Jesus.

Er zeigt uns, wie Gott ist, den niemand sehen kann.

Ihre großartige Geschichte mit Jesus haben die Jünger
begeistert weitererzählt.

Das geschieht seit fast zweitausend Jahren und
gerade habe ich sie dir erzählt.«

»Aber warum musste Jesus sterben? Warum wehrte er sich nicht?«
»Weil er wie Gott alle Menschen liebt, sogar die, die ihn töten wollten.
Arm begann sein Leben in einer Krippe, arm endete es am Kreuz.
Seine Auferstehung zeigt: Die Liebe ist stärker als der Tod.«
»Und was passiert mit uns, wenn wir einmal sterben müssen?
Manchmal muss ich daran denken. Ich habe Angst davor.«
»Vor dem Tod hat wohl jeder Angst.
Aber Jesu Geschichte lässt uns hoffen,
dass auch wir über den Tod hinaus leben,
dass unser Lebensweg bei Gott weitergehen wird.
Denn Gott ist ein Gott des Lebens.«
»Wenn das so ist, Mama, lebe ich jetzt noch lieber auf der Erde.
Und was danach kommt, werde ich
dann schon sehen ...«